Crockpot

Deliciosas Recetas De Cocina Lenta

(Recetas Elegantes y Deliciosas para Cocimiento Lento)

Abati Matos

Publicado Por Daniel Heath

© **Abati Matos**

Todos los derechos reservados

Olla de barro: Deliciosas Recetas De Cocina Lenta (Recetas Elegantes y Deliciosas para Cocimiento Lento)

ISBN 978-1-7770207-3-6

Este documento está orientado a proporcionar información exacta y confiable con respecto al tema y asunto que trata. La publicación se vende con la idea de que el editor no esté obligado a prestar contabilidad, permitida oficialmente, u otros servicios cualificados. Si se necesita asesoramiento, legal o profesional, debería solicitar a una persona con experiencia en la profesión.

Desde una Declaración de Principios aceptada y aprobada tanto por un comité de la American Bar Association (el Colegio de Abogados de Estados Unidos) como por un comité de editores y asociaciones.

No se permite la reproducción, duplicado o transmisión de cualquier parte de este documento en cualquier medio electrónico o formato impreso. Se prohíbe de forma estricta la grabación de esta publicación así como tampoco se permite cualquier almacenamiento de este documento sin permiso escrito del editor. Todos los derechos reservados.

Se establece que la información que contiene este documento es veraz y coherente, ya que cualquier responsabilidad, en términos de falta de atención o de otro tipo, por el uso o abuso de cualquier política, proceso o dirección contenida en este documento será responsabilidad exclusiva y absoluta del lector receptor. Bajo ninguna circunstancia se hará responsable o culpable de forma legal al editor por cualquier reparación, daños o pérdida monetaria debido a la información aquí contenida, ya sea de forma directa o indirectamente.

Los respectivos autores son propietarios de todos los derechos de autor que no están en posesión del editor.

La información aquí contenida se ofrece únicamente con fines informativos y, como tal, es universal. La presentación de la información se realiza sin contrato ni ningún tipo de garantía.

Las marcas registradas utilizadas son sin ningún tipo de consentimiento y la publicación de la marca registrada es sin el permiso o respaldo del propietario de esta. Todas las marcas registradas y demás marcas incluidas en este libro son solo para fines de aclaración y son propiedad de los mismos propietarios, no están afiliadas a este documento.

TABLA DE CONTENIDO

PARTE 1 1

INTRODUCCIÓN 2

CAPÍTULO 1 - RECETAS DE POLLO A COCCIÓN LENTA 4

1. STROGANOFF DE SETAS Y POLLO 4

2. DELICIOSO ESTOFADO DE POLLO 6

3. POLLO Y ARROZ PICANTE 9

CAPÍTULO 2 - RECETAS DE CERDO A COCCIÓN LENTA 11

4. CERDO A LA BBQ 11

5. CERDO ASADO CON ARÁNDANOS Y ALBARICOQUE 13

6. COSTILLITAS 15

TIEMPO DE COCCIÓN: 10 HORAS 15

CAPÍTULO 3 - RECETAS DE CARNE A COCCIÓN LENTA 17

7. DELICIOSO DIP FRANCÉS 17

8. PIERNA DE RES CON VINO TINTO 19

CAPÍTULO 4 - RECETAS VEGETARIANAS A COCCIÓN LENTA 21

9. DIP DE ESPINACAS Y ALCACHOFAS 21

10. PILAF DE ARROZ 23

11. SOPA DE CALABAZA. 25

12. MACARRONES CON QUESO 27

CAPÍTULO 5 - RECETAS DE PASTA A COCCIÓN LENTA 29

13. PASTA DE POLLO RANCHERO CON TOCINO 29

14. POLLO AL HORNO Y PASTA DE CHAMPIÑONES 31

15. LO MEIN 33

CAPÍTULO 6 - RECETAS DE SOPA A COCCIÓN LENTA 35

16. SOPA DE POLLO A LA PARMESANA 35

17. SOPAMINESTRONE..................37

18. SOPA DE LENTEJAS MARROQUÍ 39

19. SOPA DE FIDEOS CON POLLO 41

20. SOPA DE PAPA AL HORNO 43

CAPÍTULO 6 - RECETAS DE POSTRES A COCCIÓN LENTA 45

21. BROWNIES DE CHOCOLATEQUINOA 45

22. BARRAS DE PIE DE CALABAZA 48

23. PASTEL DE PUDÍN DE BROWNIE..............51

24. CHEESECAKE 53

25. PASTEL DE CHOCOLATE 56

CONCLUSIÓN 58

PARTE 2..............59

INTRODUCCIÓN..............60

CAPÍTULO 1: CONSEJOS Y TRUCOS DE COCCIÓN LENTA....62

CAPÍTULO 2: LOS BENEFICIOS DE LA COCCIÓN LENTA 67

CAPÍTULO 3: UN DESAYUNO FRESCO Y DELICIOSO..........69

AVENA DE ARÁNDANO Y MANZANA 70

SÁNDWICH DE CERDO DESMENUZADO 70

SÁNDWICH DE CARNE ITALIANA PICANTE 74

CAPÍTULO 4: ¡DELICIOSOS ALMUERZOS! 76

PIERNAS DE POLLO CON ZANAHORIAS Y PAPAS..............76

POLLO AL AJO..............78

POLLO VERDE 80

CAPÍTULO 5: ¡TIEMPO DE LA MERIENDA! 82
PIMENTÓN DE RES/RES A LA PAPRIKA............................82
ARROZ INTEGRAL CON LECHE DE COCO 85
BURRITOS DE CERDO AL SUDOESTE 87
CAPÍTULO 6: CENAS ELEGANTES EN UN SANTIAMÉN 89
POLLO CON JITOMATE Y ALCACHOFAS 89
POLLO PICANTE EN SALSA DE CACAHUATE 91
CAZUELA DE ENCHILA VERDE DE POLLO 93
ROPA VIEJA 95
CONCLUSIÓN..97

Parte 1

Introducción

Las hoyas de cocción lenta son geniales para los padres con poco tiempo, los estudiantes universitarios con un presupuesto limitado, los anfitriones de una cena o cualquier otra persona que disfrute de deliciosas recetas que requieren muy pocas habilidades para cocinar. Las hoyas de cocción lenta pueden ser su mejor opción, ya que son una respuesta simple y fácil para los que no tienen suficiente tiempo para cocinar. Se pueden cocinar todos los ingredientes antes de ir al trabajo, calentar a fuego lento y, cuando regrese a casa, será recibido por el aroma de su cena caliente y lista para comer. Es una excelente manera de terminar un largo día, o una buena manera de darles a sus hijos una comida saludable sin dejar de lado, la práctica de la banda o la práctica de fútbol.

Teniendo en cuenta a los lectores, este libro viene en un formato fácil de leer de adelante hacia atrás. Se divide en capítulos amplios según el tipo de receta (pastas, vegetarianas, postres, etc.) y, desde allí, las recetas se organizan de menor a mayor cantidad de calorías. Cada receta tiene pasos fáciles de seguir con imágenes del producto final.

Con suerte, podrá cocinar todo lo de este libro y darse cuenta de lo útil que puede ser una olla de cocción lenta. Por supuesto, no se requiere equipo especial para ninguna de estas recetas, a excepción de la olla de cocción lenta, incluso los más inexpertos pueden seguirlas y preparar comidas deliciosas para toda la familia.

Capítulo 1 - Recetas de Pollo a Cocción Lenta

1. Stroganoff De Setas Y Pollo

Este platillo súper bajo en calorías es jugoso, cremoso y lleno de sabor. La receta se puede ajustar fácilmente a una cena romántica para dos personas o para una gran familia de 6 personas.

Tiempo de cocción: 6 horas

Ingredientes:

4 filetes de pechuga de pollo deshuesados
1 cebolla cortada en cubitos
2 dientes de ajo picado
16 onzas (450 gr) de champiñones rebanados
1 taza de yogur griego o crema agria
1 taza de caldo de pollo sin grasa
¼ taza de vinagre balsámico
½ cucharadita de sal
½ cucharadita de pimienta negra molida

Instrucciones:
Agregue las pechugas de pollo a la olla de cocción lenta.
Cubra con caldo y vinagre y póngalo a fuego lento.
Agregue la cebolla, el ajo, los champiñones, la sal y la pimienta. Cocinar durante 6 horas o hasta que el pollo esté tierno.
Agregue el yogur o la crema agria, revuelva y cocine por 15 minutos.

Tamaño de la porción: 1 taza
Calorías: 187

2. Delicioso Estofado de Pollo

En las noches frías de invierno, no hay nada mejor que un estofado caliente y sabroso. Este estofado le da un giro al estofado de carne tradicional que todos conocemos, en su lugar, utiliza pollo y cerveza oscura resultandoen un sabor rico y único.

Tiempo de cocción: 6-8 horas

Ingredientes:
1 cucharadita de sal
½ cucharadita de pimienta negra molida
2 libras (900gr) de muslos o pechugas de pollo deshuesadas y sin piel
4 cucharaditas de aceite de oliva extra virgen
1 lata de 14 onzas (400 ml) de una cerveza oscura
1 libra (450 gr) de zanahorias picadas
3-5 rebanadas de tocino en cuadritos
8 onzas (226 gr) de hongos cremini
2 tazas de cebolla picada
4 dientes de ajo picados

2 tallos de apio picados
1 ½ cucharadita de tomillo
1 taza de caldo de pollo
2 tazas de guisantes
Harina de trigo

Instrucciones:

Combine en un tazón lasal y la pimienta con 6 cucharadas de harina.

Coloque el pollo rebanado en el tazón y cúbralo ligeramente con la mezcla de harina.

Caliente el aceite de oliva en una sartén grande.

Agregue el filete de pollo y cocine hasta que esté dorado por ambos lados. Cuando el pollo esté dorado, póngalo en su olla de cocción lenta.

Agregue el tocino a la sartén ya calentada y deje que se cocine.

Agrega la cerveza de tu elección a la sartén y revuelve.

Lentamente agregue el resto de la harina, revolviendo continuamente. Dejar cocer a fuego medio durante 5 minutos.

Vierte la mezcla sobre el pollo en la olla de cocción lenta.
Añade el caldo de pollo.
Añade el apio, las zanahorias, los guisantes, las cebollas y los champiñones.
Sazone con ajo, tomillo y sal y pimienta al gusto.
Revuelva bien la mezcla y cubra.
Cocine a fuego lento de 6 a 8 horas o hasta que el pollo y las verduras estén blandos.

Tamaño de la porción: 1 taza
Calorías: 275

3. Pollo Y Arroz Picante

Si buscas aumentar el sabor sin aumentar las calorías, esta receta de pollo y arroz es perfecta para ti. El pollo, el arroz y las verduras combinados con las especias se cocinan lentamente para crear una comida para chuparse los dedos.

Tiempo de cocción: 5 horas

Ingredientes:
2 pechugas de pollo deshuesadas y sin piel en rodajas
1 taza de mezcla de arroz
1 cucharada de aceite de oliva extra virgen
1 cebolla pequeña picada
½ taza de pimiento en rodajas
1 taza de caldo de pollo sin grasa
1 lata de tomates cortados en cubitos
½ taza de maíz
½ cucharadita de pimienta molida
½ cucharadita de hojuelas de pimiento rojo
½ cucharadita de pimienta de cayena
Sal

Instrucciones:

Caliente el aceite en una sartén grande a fuego medio.

Agregue las cebollas y los pimientos y saltee hasta que estén tiernos.

Agregue el arroz y saltee por unos minutos más.

Agregue el caldo de pollo, los tomates, el maíz, la pimienta molida, las rodajas de pimiento rojo y la pimienta de cayena a la sartén y mezclar.

Coloque las pechugas de pollo rebanadas en la olla.

Vierta la mezcla que está en la sartén uniformemente sobre el pollo en la olla de cocción lenta.

Cubra y cocine a fuego lento durante 4 horas, revolviendo ocasionalmente.

Sal al gusto.

Tamaño de la porción: 1 taza
Calorías: 288

Capítulo 2 - Recetas de Cerdo a Cocción Lenta

4. Cerdo a la BBQ

¿Quién no ama un buen sándwich de puerco desmenuzado a la antigua? Sin embargo, no hay nada peor que el cerdo seco y duro. Cuando se cocina con la olla de cocción lenta, está perfectamente tierno, se cae de su tenedor, es jugoso y sabroso. Ya sea que lo sirvan simple o entre dos panes, es seguro que le encantará.

Tiempo de cocción: 6 horas

Ingredientes:
15 onzas (414 ml) de salsa de tomate
4 chuletas de lomo de cerdo
2 cucharadas de vinagre de manzana
1 cucharada de sal de ajo
2 cucharadas de cebolla en polvo
¼ taza de miel
1 cucharadita de comino molido

1 cucharadita de chile en polvo
1 cucharadita de canela molida
½ cucharadita de sal marina

Instrucciones:

Coloque las chuletas de cerdo en la olla de cocción lenta.

Mezcle todos los ingredientes restantes en un tazón grande y haga la salsa BBQ

Vierta la salsa sobre las chuletas de cerdo y revuelva.

Tape y cocine a fuego lento durante 4 a 6 horas, o hasta que el cerdo esté tierno, revolviendo ocasionalmente.

Corte las chuletas de cerdo hasta que las piezas sean lo suficientemente pequeñas.

Tamaño de la porción: 1/8 de la receta
Calorías: 221

5. Cerdo Asado con Arándanos y Albaricoque

Cuando se trata de carne de cerdo, pocas cosas pueden superar al asado clásico. Esta dulce y sabrosa receta te hará dejar el plato limpio. El arándano y el albaricoque se mezclan con la carne de cerdo para crear un plato como ningún otro.

Tiempo de cocción: 8 horas

Ingredientes:
2 libras (900gr) de lomo de cerdo deshuesado
1 taza de arándanos picados
¼ taza de albaricoques secos picados
1 cucharadita de cáscara de naranja rallada
¼ taza de jugo de naranja
1/3 taza de chalotes picados
2 cucharaditas de vinagre de sidra
1 cucharadita de mostaza seca
1 cucharadita de sal
1 cucharadita de jengibre rallado

Instrucciones:

Mezcle los albaricoques, la cáscara de naranja, los arándanos, el jugo de naranja, los chalotes, la mostaza, el vinagre, la sal y el jengibre en la olla de cocción lenta y revuelva bien.

Añada la carne y unte un poco de salsa.

Cubra y cocine por 8 horas, o hasta que el cerdo esté tierno.

Cortar la carne de cerdo en 8 rebanadas, decorar si se desea y servir

Tamaño de la porción: 1 rebanada de carne de cerdo
Calorías: 245

6. Costillitas

No se necesita una ocasión especial para disfrutar de unas deliciosas costillas. Pero, si está sirviendo a una multitud, las costillas son una opción especialmente buena. Son deliciosos, fáciles de hacer, y puedes hacer toneladas de ellas. ¿Qué más se puede pedir?

Tiempo de cocción: 10 horas

Ingredientes:
3 libras (1.3kg) de costillas de cerdo
Sal y Pimienta
Cebolla cortada en cubitos
1 botella de tu salsa BBQ favorita

Instrucciones:
Ponga sal y pimienta generosamente sobre las costillas.
Coloque las costillas en la olla de cocción lenta.
Añada la cebolla picada a la olla de cocción lenta.

Vierta su salsa sobre las costillas.

Tape y cocine a fuego lento durante 10 horas o hasta que las costillas empiecen a desprenderse del hueso.

Tamaño de la porción: 2 costillas (medio)
Calorías: 250

Capítulo 3 - Recetas de Carne a Cocción Lenta

7. Delicioso Dip Francés

Volver a casa y ser recibido porel olor a carne fresca con salsas francesas es una excelente manera de terminar el día. Nadie puede resistirse a estos suculentos sándwiches rellenos de carne tierna y jugosa con una deliciosa salsa.

Tiempo de cocción: 8-10 horas

Ingredientes:
4 libras (1.8 Kg) de carne asada
1 cucharada de ajo picado
1 cucharada de romero
hojas de laurel
1 taza de salsa de soja
Sal y Pimienta
1 cebolla rebanada
6 tazas de agua
Queso Provolone
Pan francés

Instrucciones:

Sazone con la sal la pimienta y el romero el asado.

Coloque el asado en la olla de cocción lenta.

Agregue el ajo, 3-5 hojas de laurel, salsa de soya y agua

Añada la cebolla

Tape y cocine de 8 a 10 horas, o hasta que el asado y las cebollas estén blandos.

Toste el pan francés

Coloque la cantidad deseada de asado en el queso y agregue el queso.

Tamaño de la porción: 1/10 de la receta entera

Calorías: 350

8. Pierna de Res con Vino Tinto

Si le gusta el vino tinto y la carnecocida a la perfección tanto que se desprenda sola del hueso, esta receta es para usted. Con todos los deliciosos ingredientes, ¡la peor parte de esta comida es la espera!

Tiempo de cocción: 8-10 horas

Ingredientes:
2 ½ libras (1.100 Kg) de carne de res
2 cucharadas de vinagre balsámico
4 tazas de caldo de res
750 ml de vino tinto
Sal marina
Pimienta negra
Aceite vegetal
12 dientes de ajo picados
2 cebollas amarillas picadas
1 tallo de apio picado
1-3 hojas de laurel
Ramita de romero fresco

Instrucciones:
Sazonela pierna con sal y pimienta.

Caliente un sartén grande a fuego medio y agregue aceite vegetal

Coloque la pierna de res en la sartén.

Cocine durante 5 minutos cada lado para obtener un buen dorado.

Coloque la pierna de res en la olla de cocción lenta y vierta el vinagre balsámico.

Agregue el ajo, la cebolla y el apio a la sartén, cocine por 15 a 20 minutos.

Añada las hojas de laurel y romero.

Vierta el vino tinto con el caldo de res.

Hierva la salsa hasta su punto ebullición y luego reduzca el fuego ligeramente.

Deje que la salsa hierva a fuego lento y reduzca de 20 a 30 minutos.

Cubra y cocine a fuego lento de 8 a 10 horas.

Tamaño de la porción: ¼ de la receta
Calorías: 562

Capítulo 4 - Recetas Vegetarianas a Cocción Lenta

9. Dip De Espinacas Y Alcachofas

El dip de espinacas y alcachofas siempre complace a la multitud y es una gran opción para los vegetarianos que no pueden comer carne en fiestas o juegos de pelota. El sip va muy bien con alguna pita o papas fritas. Para obtener mejores resultados, utilice ingredientes frescos.

Tiempo de cocción: 2 horas

Ingredientes:
2 tazas de queso mozzarella baja en grasa y desmenuzado
8 oz. De cebolla y queso crema de cebollino bajo en grasa.
¼ taza de queso parmesano rallado
¼ de cebolla picada
10 onzas (280 gr)de espinacas
13.75 onzas (390 gr)de corazones de alcachofas picados

¼ cucharadita de sal de ajo
¼ cucharadita de pimienta de cayena
Sal y Pimienta molida

Instrucciones:
Mezcle el queso mozzarella, el queso crema, el queso parmesano, la cebolla, las espinacas, las alcachofas, la sal de ajo y la pimienta de cayena en la olla de cocción lenta
Añadir sal y pimienta al gusto
Revuelva bien, cubra y cocine a fuego alto durante 2 horas, revolviendo ocasionalmente.

Tamaño de la porción: 1/12 de la receta
Calorías: 139

10. Pilaf de Arroz

Para aquellas personas obstinadas que se niegan a comer comida sin carne, este pilaf de arroz es cremoso y delicioso. Se derrite en tu boca y te hará olvidar que la carne ni si quiera existe. Servido con frijoles o un poco de tofu es una comida completa.

Tiempo de cocción: 5 horas

Ingredientes:
2 tazas de arroz
1 cucharada de aceite de oliva extra virgen
4 tazas de caldo de verduras
¾ tazas de chalotes picados
2 tazas de champiñones en rodajas
1 diente de ajo picado
1 cucharada de romero
1 cucharada de salvia
1 cucharadita de tomillo

Instrucciones:
Coloque el arroz en un tazón grande
Vierta el aceite de oliva sobre el arroz y revuelva cubriendo el arroz.

Agregue el caldo de verduras, los chalotes, el ajo, los champiñones y las especias en la olla de cocción lenta

Agregue el arroz a la olla de cocción lenta, mezcle bien

Tape y cocine a fuego lento durante 5 horas, o hasta que el arroz esté tierno.

Tamaño de la porción: ¾ tazas
Calorías: 156

11. Sopa de Calabaza.

En un día frío de invierno, nada mejor que una rica sopa caliente. Esta sopa de calabaza esta echa de deliciosos vegetales con un gran sabor, y al mismo tiempo es baja en calorías.

Tiempo de cocción: 8 horas

Ingredientes:
3 tazas de calabaza picada
3 papas picadas
1 pimiento de cualquier color cortado en cubitos
1 taza de maíz
15 oz. (425 gr) de alubias negras enjuagadas y escurridas
15 oz. (425 gr) de alubias blancas enjuagadas y escurridas
14.5 oz. (400 gr)de tomates en cubitos
1 cebolla picada
2 tazas de caldo de verduras
1 manojo de cilantro fresco
½ cucharadita de pimienta de cayena
½ cucharadita de pimiento rojo

½ cucharadita de jengibre
¾ cucharadita de comino
½ cucharadita de pimienta negra molida
2 dientes de ajo picados
1 jalapeño picado
Queso parmesano rallado

Instrucciones:
1. Mezcle todos los ingredientes en la olla de cocción lenta, excepto el cilantro y el queso parmesano.
2. Cocine a fuego lento durante 8 horas.
3. Decore con queso parmesano rallado y cilantro fresco.

Tamaño de la porción: 1 taza
Calorías: 175

12. Macarrones Con Queso

Este es un favorito de la infancia, reinventado y más fácil de cocinar que nunca. El queso caliente, cremoso y pegajoso es simplemente irresistible. Llegue a casa y disfrute de los macarrones y el queso perfectamente hechos.

Tiempo de cocción: 2 horas

Ingredientes:
1 ½ tazas de leche
2 huevos, separados
2 cucharaditas de almidón de maíz
1 taza de queso cheddar picado y rallado
2 tazas de cáscaras de pasta seca o penne

Instrucciones:
Agregue la leche, las claras de huevo y el almidón de maíz a la olla de cocción lenta
Bátalo muy bien
Añada el queso cheddar rallado y la pasta.
Tape y cocine a fuego lento durante 2 horas, revolviendo ocasionalmente.

Tamaño de la porción: ½ taza
Calorías: 245

Capítulo 5 - Recetas de Pasta a Cocción Lenta

13. Pasta de Pollo Ranchero con Tocino

La comida sana no tiene que saber mal, y este plato lo demuestra. Está lleno de sabor y tiene una textura rica y cremosa. No solo tiene un sabor fantástico, sino que también es muy fácil de cocinar y requiere poco esfuerzo.

Tiempo de cocción: 6 horas

Ingredientes:
1 libra de pechugas de pollo deshuesadas y sin piel
8 oz. (226 gr) de espagueti cocido
½ taza de agua
6 rebanadas de tocino picado
1 paquete de mezcla de aderezo ranch sazonado
10.75 oz. (317 ml) de crema condensada de sopa de pollo
1 taza de crema agria

½ cucharadita de pimienta
½ cucharadita de sal marina

Instrucciones:

Coloque las pechugas de pollo en la olla de cocción lenta.

Mezcle el agua, el tocino, el aderezo ranch, la crema de pollo, la crema agria, la pimienta y la sal en un tazón grande.

Vierta la mezcla sobre el pollo en la olla de cocción lenta.

Cubra y cocine a fuego lento durante 6 horas.

Mientras se cocina el pollo cocine el espagueti.

Cuando el pollo esté listo agregue el espagueti y cúbralos bien

Tamaño de la porción: 1/6 de la receta entera
Calorías: 269

14. Pollo al Horno y Pasta de Champiñones.

Si estás cansado de la pasta insípida y quieres algo más emocionante que simple salsa de tomate, esta pasta al horno te dejará sin aliento y automáticamente hará mejorcualquier día.

Tiempo de cocción: 8-10 horas

Ingredientes:
1 libra(450 gr)de pechuga de pollo deshuesada sin pielrebanada
2 ½ tazas de caldo de pollo
¼ taza de salsa picante
8 oz. (236 mil) de salsa de tomate
¼ taza de azúcar moreno
¼ cucharadita de pimienta roja
1 cucharada de almidón de maíz
1 cucharada de agua
1/3 taza de crema espesa
10 onzas (280 gr) de linguini (pasta) sin cocer
1 paquete de champiñones en rodajas

Instrucciones:
Mezcle el almidón de maíz y el agua en un tazón grande

Agregue el caldo de pollo, la salsa picante, la salsa de tomate, el azúcar morena, los champiñones y los pimientos rojos.

Mezcle bien y coloque el pollo en la olla de cocción lenta y vierta la salsa sobre él.

Cubra y dejar cocer a fuego lento durante 8 horas.

Agregue la crema espesa y los fideos y ponga la olla de cocción lenta a fuego alto

Cocine por unos 45 minutos revolviendo ocasionalmente.

Tamaño de la porción: 1/6 de la receta
Calorías: 370

15. Lo Mein

En lugar de ordenar comida, lo que puede ser costoso y poco saludable, prepara este Platillo. Es genial, muy fácil de personalizar, hay infinidad de variaciones que puedes hacer con él.

Tiempo de cocción: 9 horas

Instrucciones:
2 libras (900 gr) de paletilla de cerdo deshuesada
3 tazas de brócoli sin tallo
2 zanahorias cortadas en cubitos
1 taza de guisantes
5 oz. (140 gr) de castañas de agua en rodajas
1 libra (450 gr) de espagueti
1/3 taza de salsa de soya baja en sodio
3 dientes de ajo picados
2 cucharadas de azúcar morena
1 cucharada de pasta de chile fresco
1 cucharada de salsa de ostras
1 cucharada de jengibre rallado
1 cucharadita de aceite de ajonjolí

Instrucciones:

Mezcle la salsa de soya, el azúcar morena, el ajo, la pasta de chile, la salsa de ostras, el jengibre y el aceite de ajonjolí en la olla de cocción lenta y revuélvalo bien.

Añada la paletilla de cerdo.

Cubra y cocine por 8 horas a fuego lento.

Mientras se cocina el cerdo cocine la pasta.

Agregue los guisantes, el brócoli, las castañas y las zanahorias a la olla de cocción lenta

Tape y cocine a fuego alto durante 30 minutos, o hasta que las verduras estén tiernas.

Ahora, puede mezclar la pasta o mantenerla separada y servir la carne de cerdo al lado.

Tamaño de la porción: 1/6 de la receta
Calorías: 650

Capítulo 6 - Recetas de Sopa a Cocción lenta

16. Sopa De Pollo A La Parmesana

Con tantas verduras deliciosas, que se complementan perfectamente con pollo desmenuzado, esta sopa calentará tu corazón. Es una receta muy grande, así que ajústala si es necesario.

Tiempo de cocción: 8 horas

Ingredientes:
½ libra (225 gr) de pechugas de pollo deshuesadas y sin piel
14. 5 oz. (400 gr) de tomates triturados
3 dientes de ajo picados
1 pimiento en rodajas
3 tazas de caldo de pollo
½ taza de cebolla blanca
½ taza de queso parmesano rallado
1 cucharada de albahaca picada
2 cucharaditas de orégano picado
Pimienta roja al gusto.

Perejil fresco
4 onzas (113 gr) de penne (pasta) sin cocer

Instrucciones:

Mezcle el ajo, el pimiento, los tomates, el pollo, el caldo, la cebolla, el queso, el orégano, la albahaca y las hojuelas de pimiento rojo en la olla de cocción lenta
Cubra y cocine a fuego lento durante 7 horas.
Desmenuce el pollosi quiere.
Añada la pasta a la olla de cocción lenta.
Cubra y cocine por otros 30 minutos.
Añadir más caldo si los fideos lo absorben todo.
Adorne con queso, perejil y albahaca en la cantidad deseada

Tamaño de la porción: 1 taza
Calorías: 200 calorías.

17. SopaMinestrone

Su platillo favorito al alcance de su mano. No tienes que ser un chef con estrella Michelin para hacer esta sopa súper fácil de gran y exquisito sabor.

Tiempo de cocción: 9 horas

Instrucciones:

29 oz. (850 gr) de caldo de verduras bajo en sodio
15 oz. (425 gr) de frijoles rojos cocidos enjuagados y escurridos.
15.5 oz. (440 gr) de frijoles cannellini cocidos enjuagados y escurridos
¾ cucharadita de condimento italiano seco
12 onzas (340 gr) de rotini sin cocer
29 oz (822 gr) de tomates en cubitos
6 zanahorias picadas
1 manojo de cebollas cambray (cebolleta) picadas
10 onzas (283 gr) de espinacas

Direcciones:

Agregue el caldo, los frijoles, los tomates, la cebolla, el condimento italiano y las zanahorias a la olla de cocción lenta y revuelva bien

Cubra y cocine a fuego lento durante 8 horas.

Cuezala pasta por separado y escúrrala.

Agregue la pasta y las espinacas a la olla de cocción lenta y revuélvalos.

Tape y cocinar por otros 20 minutos.

Tamaño de la porción: 1 taza
Calorías: 255

18. Sopa De Lentejas Marroquí

Alejándose de los clásicos y adentrándose en algo un poco más exótico, esta sopa de lentejas tiene un sabor increíble y es excelente para usted. Está llena de proteínas y muchas especias.

Tiempo de cocción: 8-10 horas

Ingredientes:
1 pechuga de pollo deshuesada y sin piel en rodajas
16 onzas. (450 gr) de lentejas enjuagadas verdes o marrones
28 oz.(790 gr) de tomates en cubitos
4 tazas de caldo de verduras
4 dientes de ajo picados
1 cebolla picada
1 cucharadita de canela
1 cucharadita de curry en polvo
1 cucharadita de jengibre molido
2 cucharaditas de sriracha (salsa)
Jugo de limón
Perejil

Instrucciones:

Agregue el pollo, las lentejas, el caldo de verduras, el ajo, la cebolla, la canela, el curry en polvo, el jengibre y la sriracha a la olla baja, revuelva bien

Cubra y cocine a fuego lento durante 8 a 10 horas.

Añadir jugo de limón.

Decore con perejil

Tamaño de la porción: 1 taza
Calorías: 260

19. Sopa De Fideos con Pollo

Esta sopa de fideos con pollo baja en calorías te llevará de regreso a casa. Es como la que mamá solía preparar, pero sin todo el sodio y las calorías. La sopa de pollo con fideos es una comida clásica, perfecta para cualquier ocasión. Ya sea un día frío de invierno o que estés acurrucado en la cama con la gripe, esta sopa está ahí para ti.

Tiempo de cocción: 8 horas

Ingredientes:
1 taza de apio picado
4 zanahorias picadas
1 cebolla cortada en cubitos
2 dientes de ajo picados
2 libras (900 gr) de pechugas crudasde pollo deshuesadas, sin piel y cortada en trozos pequeños
Pimienta roja al gusto.
3 cucharaditas de tomillo seco
1 cucharadita de orégano seco
1 cucharadita de sal de mar al gusto

½ cucharadita de pimienta negra molida
6 tazas de caldo de pollo bajo en grasa
1 hoja de laurel
8 oz. (226 gr) de la pasta que elija
¼ taza de perejil fresco
2 cucharadas de jugo de limón

Instrucciones:

Agregue el ajo, la cebolla, el apio y las zanahorias a la olla de cocción lenta.

Frote y sazone el pollo con sal, pimienta, hojuelas de pimiento rojo, orégano y tomillo

Añada el pollo a la olla de cocción lenta.

Vierta el caldo sobre el pollo y agregar la hoja de laurel.

Cubra y cocine a fuego lento de 6 a 8 horas.

Mientras se cocina el pollo cocine la pasta de su elección por separado.

Escurra los fideos y revuélvalos en la olla de cocción lenta.

Añada el perejil y el jugo de limón.

Tamaño de la porción: 1 taza
Calorías: 350

20. Sopa de Papa al Horno

A todo el mundo le gusta una papa grande con queso y manteca, horneada con crema agria y tocino. Pero a nadie le encantan todas las calorías que conlleva disfrutar tan rico sabor. Esta sopa es una excelente manera de disfrutar papa horneada en porciones más pequeñas con mucho menos calorías.

Tiempo de cocción: 7 horas

Ingredientes:
30 oz. (850 gr) de papas en cubos
14 oz. (414 ml) de caldo de pollo
10.75 oz. (317 ml) de crema de sopa de pollo
½ cebolla picada
¼ cucharadita de pimienta negra molida
8 oz. (226 gr) de queso crema o queso rallado al gusto.
Trozos de tocino al gusto.
Cebollas verdes al gusto.

Instrucciones:

Mezcle las papas, el caldo de pollo, la crema de pollo, el pimiento y la cebolla en la olla de cocción lenta y revuelva bien

Tape y cocine a fuego lento durante 6 horas, o hasta que las papas empiecen a deshacerse.

Añada el queso crema.

Cubra y cocine por 30 minutos, o hasta que el queso crema se derrita.

Adorne con la cantidad deseada de queso, tocino y cebolla.

Tamaño de la porción: 1 taza

Calorías: 350 (varía con los ingredientes)

Capítulo 6 - Recetas de Postres a Cocción Lenta

21. Brownies De ChocolateQuinoa

Esta receta de brownie sin azúcar es un gran regalo para niños de todas las edades y también perfecta para ti. Antes de que la quinua asuste a tus hijos, y ni siquiera puedes probarlos. Son tan esponjosos y deliciosos como los brownies a los que estás acostumbrado. Incluso se pueden hacer con un glaseado sin azúcar.

Tiempo de cocción: 2 horas

Ingredientes:
3 tazas de quinoa cocida
2 huevos
1 cucharadita y ½ cucharadita de extracto de vainilla separados
1 ¼ tazas de chispas de chocolate sin azúcar
1/3 taza y ¼ taza de cacao en polvo sin azúcar separados

¼ cucharadita de sal
½ cucharadita de polvo de hornear
1/3 taza de semillas de lino molidas
½ taza de compota de manzana sin azúcar
1 cucharadita de extracto puro de stevia
¼ taza de crema espesa
1 cucharadita de chocolate líquido stevia

Instrucciones:

Combine la quinua, los huevos, 1 cucharadita de extracto de vainilla, las chispas de chocolate, 1/3 taza de cacao en polvo, sal, polvo para hornear, semillas de lino, extracto de stevia y puré de manzana en un procesador de alimentos

Mezcla hasta que todos estén bien combinados.

Alinee su olla de cocción lenta con papel pergamino

Unte la masa en la olla de cocción lenta

Cubra y cocine a fuego lento durante 4 horas.

Deje enfriar y rebane en 16 brownies.

Hacer glaseado

Combine la crema espesa, ¼ taza de cacao

en polvo sin azúcar, chocolate stevia líquido y ½ cucharadita de extracto de vainilla en un tazón pequeño

Póngalo en el microondas por 20 segundos.

Mezcle bien

Unteel glaseado sobre los brownies

Tamaño de la porción: 1 brownie
Calorías: 133

22. Barras de Pie de Calabaza

La peor parte de hacer pasteles es todo el trabajo que necesita. Es demasiado tedioso, especialmente si está cocinando una comida grande de día de acción de gracias. Gracias a una madre inteligente con un blog, puedes mezclar todo y dejar que se cocine mientras haces todo lo que necesitas. Y al final, tendrás un delicioso pastel de calabaza.

Tiempo de cocción: 3.5 horas

Ingredientes:
Para la corteza:
¼ taza de cacao en polvo, sin azúcar
½ taza de harina de girasol
¼ cucharadita de sal
¼ taza de endulzante (Splenda, Swerve, Stevia, etc.)
4 cucharadas de mantequilla ablandada

Para el relleno:
29 oz. (822 gr) de puré de calabaza
1 taza de crema espesa

6 huevos
½ cucharadita de sal
1 cucharada de extracto de vainilla
1 cucharada de especia de pastel de calabaza
1 cucharadita de canela liquida stevia
1 cucharadita de extracto puro de stevia
½ taza de chispas de chocolate sin azúcar

Instrucciones:
Engrase el fondo de la olla de cocción lenta.
Ponga todos los ingredientes de la corteza en un procesadorde alimentos y mezcle en porciones pequeñas
Coloque todos los ingredientes del relleno, excepto las chispas de chocolate, en un procesador de alimentos o licuadora y mezcle bien
Incorpore las chispas de chocolate
Presione la corteza uniformemente sobre la parte inferior de la olla de cocción lenta
Verter el relleno uniformemente sobre la corteza.
Cubra y cocine a fuego lento durante 3 horas.

Dejar enfriar antes de servir.

Tamaño de la porción: 1 barra
Calorías: 150

23. Pastel De Pudín De Brownie

Este delicioso postre de cocción lenta combina dos platos espectaculares, en un pastel de pudín de chocolate de gran sabor. Es caliente, húmedo, pegajoso y perfecto para cualquier ocasión. Lo único de lo que tienes que preocuparte es que se acabe.

Tiempo de cocción: 3 horas

Ingredientes:
1 taza de harina
1 ¼ tazas de azúcar
¼ taza de cacao de proceso holandés
¼ cucharadita de sal
¼ taza de aceite de canola
1 cucharadita de extracto de vainilla
3 huevos grandes separados
2 huevos grandes
2 onzas. (56 gr) de chocolate semi amargo derretido
¼ taza de nueces tostadas picadas

Instrucciones:

Engrase el fondo de la olla de cocción lenta.

Mezcle la harina, el azúcar, el cacao y la sal en un tazón grande

Agregue 3 claras de huevo, 2 huevos, aceite de canola y extracto de vainilla

Mezcle bien y agregue el chocolate derretido y las nueces.

Vierta la masa en la olla de cocción lenta.

Cubra y cocine a fuego lento durante 2 horas.

Sirva con azúcar en polvo o helado.

Tamaño de la porción: 1 pieza
Calorías: 325

24. Cheesecake

Este libro no estaría completo sin un pastel de queso. El pastel de queso puede parecer difícil de preparar, pero no este. Se puede hacer de forma rápida en pasos simples.

Tiempo de cocción: 2,5 horas

Ingredientes
Para la corteza:
2/3 taza de migas de galleta de galleta de graham
2 cucharadas de mantequilla derretida
1 cucharada de azúcar

Para el relleno:
16 onzas. (453 gr) de queso crema sin grasa ablandado.
8 oz. (226 gr) de queso crema regular ablandado
2/3 taza de azúcar
1 cucharada de harina
2 huevos
¾ cucharadita de extracto de almendra

Instrucciones:

Vierta 1 taza de agua caliente en el fondo de la olla de cocción lenta

Coloque una rejilla en la olla de cocción lenta, por encima del nivel del agua.

Mezcle los ingredientes de la corteza en un tazón mediano y mezcle hasta que estén húmedos y desmenuzado, deje a un lado

Mezcle el queso crema en una batidora hasta que esté suave.

Añada el azúcar y la harina y mezclarlos.

Revuelva en un huevo a la vez

Añada extracto de almendra

Presione la corteza en un molde de 7 pulgadas

Vierta el relleno sobre la corteza.

Coloque la bandeja en la rejilla en la olla de cocción lenta

Cubra y cocine a fuego alto durante 2 horas.

Apague la olla de cocción lenta y deje reposar el pastel de queso durante una hora.

Retire el pastel de queso y deje que se enfríe durante unas horas.

Cortar y servir

Tamaño de la porción: 1 pieza
Calorías: 230

25. Pastel de Chocolate

¿Quién se imaginaria que podrías hacer un sorprendente pastel de chocolate en una olla de cocción lenta? Hablando de una comida casera. No hay nada mejor que un pastel de chocolate rico y esponjoso y que además es fácil de hacer.

Tiempo de cocción: 4 horas

Ingredientes:
1 ½ tazas de harina de almendra
¾ taza de edulcorante Swerve
2/3 taza de cacao en polvo
¼ taza de proteína de leche sin sabor
2 cucharaditas de polvo de hornear
¼ cucharadita de sal
½ taza de mantequilla derretida
4 huevos grandes
Taza de leche de almendra o coco sin azúcar
1 cucharadita de extracto de vainilla
½ taza de chispas de chocolate sin azúcar

Instrucciones:
Engrase el fondo de la olla de cocción lenta.

Mezcle la harina, el edulcorante, el cacao en polvo, la proteína en polvo, el polvo para hornear y la sal en un tazón mediano

Agregue la mantequilla, los huevos, la leche y el extracto de vainilla y mezcle bien

Revuelva en las chispas de chocolate

Vierta en la olla de cocción lenta y cocine por 2 ½ a 3 horas.

Cortar en 10 trozos y servir.

Tamaño de la porción: 1 pieza
Calorías: 275

Conclusión

Esperemos que pueda disfrutar e integrar algunas de estas recetas en su vida cotidiana. Como se puede ver, ninguna de ellas es muy difícil y puede ser el mejor amigo de un padre ocupado. Esto no es de ninguna manera una lista exhaustiva de recetas de cocción lenta. Hay cientos, incluso miles de recetas de cocción lenta. Estas son solo algunas opciones sabrosas con pocas calorías. También hay opciones de desayuno, como avena, o incluso opciones de mariscos, como el gumbo.

Es importante tener en cuenta que, dado que se trata de cocina casera, es posible que las cantidades de calorías no sean exactas. Hay muchos factores a considerar, y dependiendo de si se altera una receta, o si adorna un plato, las calorías pueden variar ligeramente. Sin embargo, no deben ser drásticamente diferentes de lo que se enumera aquí.

Parte 2

Introducción

Muchas personas están demasiado ocupadas hasta el punto de no tener tiempo para cocinar. Algunas están acostumbradas a comprar comida instantánea o comida rápida que no son necesariamente sanas.

Con la ayuda de una olla de cocción lenta, olvídate de ya no tener tiempo de preparar tu propia comida, y dile adiós a la comida instantánea. Puedes preparar comidas simples, convenientes, deliciosas y baratas con una cocción lenta. No hay razón para no hacerlo. Comprar una olla de lenta cocción solo costara un poco. Fácil de usar y puede preparar casi todo tipo de platillos.

En tiempo, podrás ser un chef profesional, experimentado y con una cocina diferente y creando esos deliciosos platillos. Puedes comenzar intentando recetas incluidas en este libro.

Esta guía de cocción lenta te provee de varios consejos, técnicas y otra información necesaria para darte un buen comienzo. También incluye recetas que debes intentar y pueden ser servidas en el desayuno, almuerzo, bocadillo y para la cena. ¡Diviértete y disfruta cocinando lento!

Capítulo 1: Consejos y trucos de cocción lenta

Las ollas de cocción lenta son baratas y costeables. Seguramente te ayudara a cocinar comidas en menor tiempo y con menor esfuerzo. Antes de utilizar una olla de cocción lenta, necesitas conocer estos trucos para que tus expectativas se establezcan y te sea más fácil cocinar.

Busque recetas fáciles de preparar

Eres el que prepara las comidas y probamente no quieres pasar horas en la cocina, especialmente si tienes un estilo de vida ocupado. Así que, debes seleccionar la receta que pueden ser preparadas en unos minutos. Para ahorrar más tiempo y esfuerzo. Especialmente en sopas y guisos, puedes poner todos los ingredientes en la olla de cocción lenta y déjalo hervir a fuego lento, mientras haces lo que sea que necesites hacer. Otro consejo seria que cocinaras tus cebollas por separado antes de agregarlas a la sopa. Mejorará el sabor de la sopa y sabrá mejor en comparación con solo ponerlo en bruto.

Preparar con anticipación
Las personas que trabaja o tiene citas de trabajo durante el día no tienen tiempo para cocinar. Si tú eres uno de eso, puedes preparar con anticipación. Puedes preparar y rebanar los ingredientes una noche antes y después, ponlos en la olla de cocción lenta y guárdalos en el refrigerador durante la noche. Cuando te despiertes, deja que se descongele por 15 minutos y después, comienza a cocinar.

Selecciona el corte de carne correcto
Recuerda lo siguiente: Costillas cortas, partes del hombro y pierna de cordero se vuelven blandos cuando pasan por fuego lento durante mucho tiempo. Cortes con mucha grasa como el filete de lomo tiende a secarse. Las piernas de pollo y muslos son más jugosas que la pechuga.
Escoge carne bien fileteada ya que esta es ideal para la olla de cocción lenta. El corte de carne ideal es carne molida, chuleta de cerdo, costilla de cerdo, carne sin hueso,

filete y cubos de estofado.

Mantenlo cubierto
Cada vez que abras la tapa, haces que el tiempo de cocción sea lento. Evita agitar demasiado, especialmente si no es necesario.

Dorar la carne agrega sabor
Fácilmente puedes poner los ingredientes y calentarlos en la olla de cocción lenta. Si quieres más sabor, puedes dorar tu carne. Para hacer una salsa más espesa, puedes añadir harina a la carne antes de dorar.

Evita poner comida congelada
Al poner comida congelada en la olla de cocción lenta ayuda a las bacterias a proliferar aún más. Asegúrate de que todos los ingredientes están totalmente descongelados antes de encenderlo. Sin embargo, para comidas instantáneas que se mantienen congeladas, mire la etiqueta para obtener más instrucciones.

No sobrecargues

Evita poner demasiados ingredientes en la olla. Debes de usar una vasija que soporte el volumen de la comida. Esto es para asegurar que la comida se cocinara por completo. Es ideal solo llenar solamente dos tercios de lleno.

Recorta la grasa
Al preparar salsa, debes recortar el exceso de grasa de la carne. Esto es para prevenir una salsa grasienta.

Practica las capas
Corta los ingredientes de manera uniforme. Usualmente, se corta en piezas del tamaño de un bocado. Recuerda acomodar los ingredientes de cocción lenta al fondo y los de cocción rápida al tope.

Establece la temperatura
Debes de saber cómo establecer la temperatura dependiendo del tipo de comida que vas a preparar. Vea la receta

para las porciones.

Productos lácteos

Crema, leche y yogurt son los últimos ingredientes en ser añadidos. Revuelva constantemente los productos lácteos durante lo últimos minutos de cocción.

Vino

Si añades vino a la olla, necesitaras monitorearlo. El alcohol se puede evaporar si la olla se cubre con la tapa. De vez en cuando, puedes destaparlo para dejar que el alcohol se evapore.

Capítulo 2: Los beneficios de la cocción lenta

Además de actuar como un chef profesional, existen algunos más beneficios de usar una olla de cocción lenta. Aquíestá la lista de algunas ventajas de la cocción lenta.

Una olla de cocción lenta permite bajar el calor, lo que evita que se queme la comida. Por lo tanto, reduce la posibilidad de que una carne se pegue a la sartén y se queme.

Carnes duras son ablandadas por la olla de cocción lenta. Solo déjalo cocinar por más tiempo hasta que la carne se ablande.

Tener una olla de cocción lenta te ayuda en eventos grandes y fiestas. Puedes usar tu horno, estufa y la olla de cocción lenta de manera simultánea.

Sin ningunapreocupación, es segura de dejarla sin atención constante.

Ahorra tiempo. Puedes hacer algo más mientras esperas que la comida se cocine.

Ahorras electricidad porque al contrario de la creencia popular, solamente requiere la suficiente energía para cocinar.

También, ahorras dinero y tiempo, el sabor no es sacrificado porque resalta los sabores de la carne.

Disfruta de estas razones teniendo tu propia olla de cocción lenta y relájate de las frustraciones de cocinar.

Capítulo 3: Un Desayuno Fresco y Delicioso

Muchas personas encuentran difícil levantarse de su cama cada mañana. Cuando se despiertan, ellos quieren comer un desayuno inmediato y refrescante. Con la ayuda de una olla de cocción lenta, él o ella podrán preparar uno de manera fácil y rápida. Las siguientes recetas pueden ser preparadas en 15 minutos o menos. El tiempo de cocción depende del tipo de ingredientes.

Avena de Arándano y Manzana

Ingredientes:

- 2 y media tazas de avena
- Media taza de arándanos o pasas, secos
- Media cucharada de canela en polvo
- 2 manzanas peladas en tiras
- 2 cucharadas de mantequilla/margarina derretida
- 5 tazas de agua
- Sal

Preparación:

Mezcla todos los ingredientes y la olla de cocción rápida.

Cúbrelo y ponlo a fuego lento.

Después de unos minutos, apaga la olla cuando la avena tenga el grosor deseado.

Si gustas, puedes servirla con azúcar y leche.

Sándwich de cerdo desmenuzado

Ingredientes:

2 y media libras (1 kilo aprox.) de hombro de cerdo sin hueso.
1 taza mediana de cebolla picada
1 cucharada de tomillo seco
1/4 de cuchara de condimento de jerk seco jamaicano
1 cucharada de soda
16 rebanadas de pan de caja (7- 9 pulgadas)
2 tazas de pasta de barbacoa
1 tazas de soda

Preparación:
Rocía el aceite para cocinar en la olla (tamaño: 4 cuartos)
Recorta el exceso de grasa de la carne
Masajea la carne con el sazonador jerk.
Esparce el tomillo sobre la carne.
Pon la carne marinada en la olla de cocción lenta.
Añade cebolla y soda.
Cubre la olla y ponlo a cocción lenta de 8 a 10 horas.
Retira la carne de la olla de cocción lenta.
Deja al menos media taza de jugo.
Desmenuza la carne con la ayuda de dos

tenedores.
Pon la carne de vuelta en la olla.
Mezcla la salsa barbacoa con el jugo.
Ajusta la temperatura a calor alto.
Cúbrelo y cocina por media hora.
Agrega la carne cocida y desmenuzada al pan. Es suficiente para 8 sándwiches.
Sopa Rápida de Sémola de Jamón

Ingredientes:
- 1 taza de agua
- 1 cucharada de mantequilla sin sal
- Media taza de leche entera
- Un cuarto de cucharada de pimienta negra, molida
- 2 cucharadas de aceite de oliva
- 1 medio de cebollino picado
- Media cucharada de sal Kosher
- Media taza de Jamón cocido en cuadros
- Un tercio de taza de sémola blanca/amarilla
- 50 gr. de queso chédar gratinado
- Salsa picante (opcional)

Preparación:

Mezcla el agua, mantequilla, sal, pimienta y la leche en la olla de cocción lenta. Deja hervir a fuego lento.

En una sartén, fríe el jamón hasta que dore por 5 minutos.

Añade el jamón a la olla de cocción lenta. Deja hervir a fuego lento por 1 minuto.

Mantenlo cubierto y apaga.

Déjalo reposar por 7 minutos.

Añade el queso y mueve continuamente.

Cuando el queso este derretido, remueve de la olla.

Cúbrelo con el cebollín y sírvelo caliente.

Sándwich de Carne Italiana Picante

Ingredientes:
- 1 asado de lomo de res deshuesado (3 a 4 libras)(1350 gr. Aprox.), sin grasa
- 2 cucharadas de sazonador italiano
- Un cuarto de taza de azúcar morena
- 1 botella (16 onzas) de aderezo italiano
- 12 rebanas de pan de caja

Preparación:
Rocía el aceite para cocinar en la olla (tamaño: 4 cuartos)
Pon la carne en la olla de cocción lenta excluyendo las cuerdas.
Rocíaazúcar morena de manera uniforme.
Añade el aderezo italiano.
Cúbrelo y cocina a fuego lento de 10 a 12 horas.
Saca la carne de la olla.
En la tabla de picar, desmenuza la carne con la ayuda de dos tenedores.
Regresa la carne desmenuzada a la olla. Después, vierte el sazonador italiano y mezcla gradualmente.
Remueve la carne usando una cuchara y

rellena los panes tanto como desees.

Pon el jugo en un recipiente y sirve junto con el sándwich. Esto sirve para preparar 12 sándwiches.

Capítulo 4: ¡Deliciosos Almuerzos!

Muchas personas creen que una persona debe comer como un rey o reina durante el almuerzo. Esta es la comida más lujosa del día. Las mamás siempre hacen el almuerzo muy especial y delicioso. Con la ayuda de una olla de cocción rápida, fácilmentepodrás cocinar y adornar comidas similares a las servidas en los restaurantes. Puedes servir almuerzos y platillos complementados como una comida completa.

Piernas de Pollo con Zanahorias y Papas

Ingredientes:
- 2 tazas de zanahorias picadas
- 1 media cebolla, rebanadas gruesas de 1/4 de pulgada
- 4 medias cebollas, rebanada gruesa de 1/4 de pulgadas
- Un cuarto de taza de caldo de pollo seco/vino blanco

- Un cuarto de taza de caldo de pollo
- 1 1/4 de cucharada de sal
- 1 cucharada de ajo picado
- Media cucharada de tomillo seco
- 6 muslos de pollo con hueso
- Media cucharada de pimienta
- 1 cuchara de paprika

Preparación:
Rocía la olla con aceite (tamaño: 6 cuartos)
Pon las rebanadas de papas y zanahorias en la olla.
Mezcla tres cuartos de cucharada de sal, un cuarto de cucharada de pimienta, vino blanco, ajo y tomillo con caldo de pollo.
Añade los vegetales a la olla.
Mezcla la paprika y el resto de la sal y pimienta. Aplica la mezcla a la piel de pollo.
Rebana el pollo encima de los vegetales.
Cúbrelo y cocina a fuego lento por 6 horas.
Sirve el pollo en un recipiente.

Pollo al Ajo

Ingredientes:

- Media taza de caldo de pollo baja en sodio
- 1 (3 y 1/3 de libra)(1350 gr. Aprox.) de pollo entero, remueve la piel y divide en 8 partes
- 3 cucharadas de vino blanco seco
- 2 cucharadas de coñac
- Un cuarto de cucharada de sal
- 1 y 1/2 de cucharada de aceite de oliva extra virgen
- 1 y 1/2 de cucharada de mantequilla
- 2 cucharadas de tomillo fresco
- Un cuarto de cucharada de pimienta negrada molida
- 40 cabezas de ajo sin piel
- 2 cucharadas de perejil fresco picado (opcional)

Preparación:
Combine en caldo de pollo con el vine blanco y el coñac en un recipiente.
Remueve las menudencias y el pescuezo del pollo. Lava, enjuaga y ceca el pollo.

En un sarténantiadherente, calienta el aceite y la mantequilla a temperatura medio-alta hasta que derrita.

Frota la sal y pimienta sobre el pollo. Fríe el pollo en una sartén hasta que tenga un tono dorado.

Pon el pollo dorado en la olla de cocción lenta (tamaño: 4 cuartos) con aceite de espray para cocinar.

Cocina a temperatura media.

En otro sartén saltea el ajo.

Añade caldo de pollo al ajo. Revuelve hasta que reduzca su volumen, cerca de una taza.

Verte el caldo a la olla. Añade el tomillo

Cúbrelo y cocina a temperatura baja por 4 horas.

Sirve el pollo junto con la salsa y el ajo. Espolvorea perejil.

Pollo Verde

Ingredientes:

- 2 tazas de cebolla, rebanada (1 grande)
- 5 piezas de chile jalapeño (cerca de 4 1/2 onzas)
- 5 y 1/2 tazas de tomates cortado
- 1 lata de chiles verdes rebanados, sin escurrir (4.5 onzas)
- 5 piezas de chile poblano (cerca de 4-4 libras)
- 1 cucharada de azúcar
- 5 piezas de dientes de ajo picado
- 6 piezas de pimienta negra molida
- 6 piezas de pechuga de pollo con huesos sin piel
- 1 1/2 cucharada comino molido
- Un tercio de taza de crema baja en grasa (al gusto)
- 1 cucharada de aceite de canola
- Un cuarto de taza de cilantro fresco picado

Preparación:
Precalienta la parrilla

Pon los chiles poblanos y chiles jalapeños sobre una bandeja para hornear forrada con papel aluminio.

Cocina por diez minutos hasta que tomen un color oscuro. Voltéalos constantemente.

Remueve la piel de ambos chiles. Córtalos a la mitad de manera vertical. Remueve las semillas, después, pícalo.

En otro recipiente mezcla los chiles verdes, la pimienta, los tomates, la cebolla, el azúcar, el ajo y los chiles poblanos.

Frota el lado exterior del pollo con comino y pimienta.

Calienta la parrilla y fríe el pollo por 2 1/2 minutos por cada lado.

Pasa el pollo ya frito a la olla de cocción lenta y rocíalo con aceite en spray.

Añade la mezcla de tomate a la olla.

Cubre la olla y cocina por 3 y media horas.

Separa el pollo de la salsa. Deja que la salsa hierva a fuego lento en un sartén por separado hasta que reduzca su cantidad a 4 tazas.

Sirve el pollo con su salsa. Espolvorea con cilantro y crema agria.

Capítulo 5: ¡Tiempo de la Merienda!

Llene su barriga con un bocadillo salado hecho de una olla de cocción lenta durante aproximadamente 15 minutos o menos. Disfruta reunirte con tu familia y amigos mientras comen unos deliciosos snacks. También puede comerlos mientras juegan juegos de mesa, leen un libro, descansan, etc.

Pimentón de Res/Res a la Paprika

Necesitaras:

- 1 y media cebolla picada
- 2 cucharadas de harina de trigo
- 2 libras de carne de res cubana (uno - 1 y medio pulgadas)
- Pimienta negra molida
- Sal kosher
- 2 piezas de diente de ajo picado
- 2 piezas de pimientos rojos, al vapor, sin semilla y rebanado
- Fideo de huevo cocido/papa como complemento

- 2 cucharadas de pasta de tomate
- 2 cucharadas de paprika
- Media taza de crema agria
- Media taza de caldo de res baja en sodio
- 1 cucharada de semilla de alcaravea aplastada
- Un cuarto de taza de eneldo y/o perejil rebanado

Preparación:

Acomoda en capas la cebolla al fondo de la olla de cocción lenta.

Frota la carne con la harina, una cucharada de sal y 1/4 de cucharada de pimienta.

Capa encima de las cebollas. Añade pimiento y ajo.

Combina el caldo con la semilla de alcaravea, la pasta de tomate y la paprika. Remueve completamente.

Vierte la mezcla sobre la carne.

Cúbrelo y cocina a temperatura baja de 7 a 8 horas.

Remueve la tapa y déjalo reposar por 10 minutos.

Añade la crema agria y el eneldo o perejil.

Añade sal y pimienta al gusto.

Sirve la carne con los fideos de huevo o papas.

Arroz Integral con leche de coco

Ingredientes:

- 3 tazas de agua de coco
- Media taza de azúcar
- Un cuarto de taza de arroz integral de grano corto
- 1 cucharada de extracto de vainilla
- 1 lata (13.5 onzas) de leche de coco
- Media cucharada de sal Kosher
- 1 cucharada de cáscara de limón, rallado
- 2 cucharadas de mantequilla sin sal, rebanada
- Coberturas: mango cortado en cubitos (seco o fresco), frambuesas (frescas o congeladas) chips de coco tostados y rallados, jengibre cristalizado picado

Preparación:

Usa la olla de cocción lenta (tamaño: 6 cuartos) y rocíala con aceite para cocinar.

Mezcla la leche de coco, el agua de coco, 1 1/2 taza de agua, sal, azúcar y vainilla juntas en la olla. Revuélvelo hasta que la azúcar se disuelva completamente.

Añade el arroz integral y cocina a alta temperatura por 5-6 horas.

Quita la tapa y revuelve. Déjalo reposar por 15 minutos.

Vierte la mezcla caliente en un recipiente pequeño y añade la mantequilla. Revuelve la mezcla constantemente hasta que este tibio.

Añade la ralladura de limón.

Puedes servir el pudin de arroz frio o caliente.

Puedes agregar mango (fresco o seco), frambuesas (frescas o congeladas), chips de coco tostados y rallados o jengibre cristalizado picado.

Burritos de Cerdo al Sudoeste

Ingredientes:

- 1 hombro de cerdo sin hueso (2 y media libras) (1 y medio aprox.), remueve la grasa
- 3 piezas de cabezas de ajo, rallado finamente
- 1 cucharada de chile en polvo
- 3 cucharadas de pasta de tomate
- 1 lata (10 onzas) jitomate en cubos y chiles verdes, sin secar
- 12 piezas de tortilla de harina (8 pulgadas)
- 1 cucharada de miel
- Un cuarto de cucharada de sal
- Varios complementos (queso Chédar gratinado, crema agria, cilantro fresco picado, lechuga pelada, jitomate en cubos) a elección.

Preparación:
Rocía aceite para cocina en la olla de cocción lenta (tamaño: 4 cuartos).
Pon la carne en la olla.
Pon miel, pasta, sal, ajo, jitomates y polvo

de chile en la licuadora. Licua por 10 segundos.

Pon la mezcla en la olla.

Tapa y cocina a temperatura baja de 8-10 horas.

Saca la carene y desmenuza la carne con la ayuda de dos tenedores en una tabla de picar.

Añade la carne desmenuzada a la olla y remueve.

Llena las tortillas con la carne de la olla y cubre con queso Chédar, crema agria, cilantro, jitomate y lechuga, (a tu gusto).

Capítulo 6: Cenas Elegantes en un Santiamén

Termina tu día con una elegante cena traída hasta ti por la olla de cocción lenta. Que es más romántico que tener una sentimental y aromática cena con tu pareja. Aumenta la alegría de tu familia sirviendo estos deliciosos platillos cada día. No tendrásningún problema usando la olla de cocción lenta. Seguramente, será un día memorable para todos.

Pollo con Jitomate y alcachofas

Ingredientes:

- 4 piezas de pechuga de pollo sin hueso (2 y media libras) (1 kilo y medio aprox.)
- Media cucharada de sal
- 3 cucharadas de aderezo de vinagre italiano sin grasa
- 4 piezas de cabezas de ajo, rebanadas finamente
- Media cebolla grande, rebanada

finamente
- Un cuarto de cucharada de pimienta
- 1 cucharada de condimento italiano
- 2-3 cucharadas de perejil picado
- 1 lata (14 onzas) de alcachofas cortadas y secas.
- Un cuarto de aceitunas verdes picadas
- 1 lata (14.5 onzas) de jitomate en cubo seco

Preparación:
Usa la olla de cocción lenta (tamaño: 4 cuartos) y rocíala con spray de aceite para cocinar.
Extrae la piel y el exceso de grasa del pollo.
Frota el aderezo sobre el pollo.
Pon el pollo en la olla.
Esparce el condimento italiano, la sal y la pimienta.
Acomoda en capas los ingredientes restantes de acuerdo si su cocción es lenta o rápida. No añadas el perejil aun.
Cúbrelo y cocina a temperatura baja por 4 1/2 - 5 1/5 horas.
Sirve el pollo junto con la salsa en tazones.
Decora con perejil.

Pollo Picante en Salsa de Cacahuate

Ingredientes:

- 1 cucharada de aceite de oliva o aceite vegetal
- Un tercio de taza de mantequilla de cacahuate
- 1 taza grande de cebolla picada (1 pieza)
- 2 latas (14.5 onzas) de jitomate en cubos con chiles verdes secos
- 8 piezas de muslos grandes de pollo sin piel (1350 gramos aprox.)
- 1 lata (14.5 onzas) de jitomate aplastado sin drenar
- 1 y media cucharada de comino triturado
- 1 tazas de cuscús
- 1 cucharada de canela en polvo

Preparación:
En una sartén, calienta aceite a temperatura media.
Fríelos muslos de pollo hasta que doren.
Da vuelta al pollo cada 2 minutos.
Usa una olla de cocción lenta de 4 cuartos.

Mezcla la miel, jitomates, cebolla, canela y cominos.

Pon el pollo en la olla y añade la mezcla sobre la carne.

Cúbrelo y cocina a temperatura baja de 7-8 horas.

Añade la mantequilla de cacahuate y gradualmente revuelve hasta que se disuelva.

Pon el pollo y la salsa encima del cuscús.

Ahora puedes servir el pollo picante en la crema de cacahuate.

Cazuela de Enchila Verde de Pollo

Ingredientes:

- 3 tazas de pollo cocinado y desmenuzado
- 1 lata (10 onzas) de salsa para enchilada verde
- 2 latas (4.5 onzas) de chiles verdes rebanados
- 1 lata (15 onzas) de frijoles negros enjuagados
- 1 tazas De queso ranchero desmenuzado
- Media taza de crema
- Un cuarto de taza de mayonesa o aderezo salado
- 12 tortilla de maíz (6 pulgadas), cortadas en tiras de 3/4
- 1 lata (10 3/4 onzas) de leche condensada
- 2 tazas de lechuga picada
- 2 jitomates grandes rebanados (2 tazas aprox.)

Preparación:
Rocía la olla de cocción lenta con aceite

para cocinar en spray (tamaño: 4 cuartos)

Acomoda en capa una lata de chiles verdes al fondo de la olla.

En un recipiente aparte, mezcla otra lata de salsa para enchilada, caldo de pollo, chiles verdes y mayonesa.

Encima de los chiles en la olla, pon la siguiente capa de tiras de tortilla. De manera continua el pollo, los frijoles, media taza de queso y una taza de salsa de enchilada. Repite nueva mente. Deja media taza de queso para la última capa.

Cubre la olla y cocina a temperatura baja de 6-7 horas.

Añade el queso restante. Cocina por otros 5 minutos.

Sirve el platillo junto con el jitomate, lechuga y la crema agria.

Ropa Vieja

Ingredientes:

- 1 y media pieza de pimiento rojo (1 y 1/2 tazas)
- 1 pieza de filete de res (2 libras) (900 gramos aprox.) dividido en 8
- 1 pimiento media verde, rallado (1 y 1/2 taza)
- 1 pieza grande de cebolla, finamente picada
- 1 cucharada de hojas de orégano seco
- 2 cucharadas de ajo seco picado
- 1 taza de caldo de res (32 onzas)
- 2 cucharadas de polo de chile
- 1 cucharada de sal
- 2 cucharadas de jugo de limón
- 2 tazas de arroz blanco de grano grande sin cocinar
- 1 taza de frijoles negros (15 onzas)

Preparación:
Rocía la olla de cocción lenta con aceite en spray para cocinar. (Tamaño: 4 cuartos)
Pon la cebolla y los pimientos en la olla, seguida de la carne.

Rocía el ajo, orégano, chile en polvo y eventualmente la sal.

Exprime el limón y vierte el caldo.

Cúbrelo y cocina a temperatura baja de 8-10 horas.

Prepara el arroz 20 minutos antes de servir el platillo.

Saca la carne de la olla y transfiérelo a una tabla de cortar. Desmenuza la carne con la ayuda de dos tenedores.

Regresa la carne y revuelva.

Añade los frijoles negros y cocina a temperatura alta.

Cúbrelo y espera por 15 minutos más.

Ahora puedes servir tu Ropa Vieja Cubana con arroz.

Conclusión

Las ollas de cocción lenta te dan la oportunidad de cocinar a pesar de tu apretada agenda. En la actualidad muchas personas aman comer comida hecha en casa, sin embargo, no tienen el tiempo para preparar. Una olla de cocción lenta está equipada con un temporizador y ajuste de calor que permiten hacer algo más mientras tu comida está siendo cocinada.

Es uno de los artículos de cocina más eficiente que debes tener en tu cocina. También es imprescindible para los principiantes en la cocina, ya que solo necesita verter los ingredientes en la olla de cocción lenta y encenderla.

www.ingramcontent.com/pod-product-compliance
Lightning Source LLC
Chambersburg PA
CBHW070938080526
44589CB00013B/1557